AF404569

DÉPÔT LÉGAL
Seine
N.º 1613
1887

PRÉCIS DE DROIT ROMAIN,

Contenant, avec l'exposé des principes généraux, le texte, l'explication, la
traduction des Institutes de Justinien, etc.,

Par M. C. Accarias, Professeur à la Faculté de droit de Paris,
Inspecteur général des Facultés de droit.

Quatrième édition, corrigée et notablement augmentée, tome Ier [1].

Compte rendu par M. Henry Monnier,
Professeur agrégé à la Faculté de droit de Bordeaux.

Pendant son voyage en Paradis, Dante rencontre au ciel de
Mercure [2] un personnage fort obligeant qui lui parle de Rome,
de ses lois, du *Corpus juris civilis*, de beaucoup d'autres choses
encore, et prend enfin congé du poète en déclinant ses noms et
qualités : c'est l'empereur Justinien.

On trouvera peut-être aujourd'hui que Justinien ne méritait
guère le Paradis, — j'entends celui du Dante, — pour avoir dé-
coupé dans les écrits des juristes romains les cinquante livres du
Digeste. Si tant de questions sont obscures, si, après tant de siècles d'efforts passionnés, la composition d'un traité de droit romain est encore une tâche malaisée, à qui la faute, sinon à l'empereur byzantin? « Justinien n'est-il pas quelque peu responsable
de la perte de tant d'ouvrages qu'il a cru ou réussi à faire croire
inutiles [3] ? » Pour retrouver le droit romain et se guider parmi
les ruines, il ne reste plus guère que des fragments recueillis
sans goût, entassés sans ordre, souvent inutiles. C'est beaucoup,
et c'est peu. C'est beaucoup, car la vie s'épuise à lier connaissance
avec dix ou douze mille textes; c'est peu, car l'œuvre des commissaires impériaux, insuffisante pour le droit classique, n'apprend rien ou presque rien sur l'histoire des institutions. Aux
orateurs, aux poètes, aux philosophes, aux historiens, de combler
les lacunes des livres de droit. Et par là s'augmente la difficulté
de nos études. Celui qui entreprend une synthèse du droit romain doit être avant tout un jurisconsulte, mais sa peine sera
stérile, s'il ne possède encore cette riche culture littéraire qui
seule peut donner l'intelligence et le sentiment des choses de
l'antiquité. M. Accarias unissait à de rares connaissances juri-

---

[1] 1 vol. in-8, 1886, Paris, F. Pichon.

[2] *Divina Commedia*, c. VI, v. 30; un peu mieux placé, dans la sphère du
soleil, se trouve Gratien, c. X, en compagnie de Boèce, Saint-Thomas
d'Aquin, Isidore de Séville, etc.

[3] *Précis*, p. 78, n. 1. — Le procès de Justinien et de Tribonien est fait
de la plus curieuse manière dans le livre d'un avocat napolitain qui a pour
titre : *Respublica jurisconsultorum*, édit. 2ª, *Lipsiæ*, 1733, p. 415 et s.
Naturellement Hotomann fait fonction d'accusateur public, le glossateur
poète Cyno da Pistoia défend les accusés.

[cachet de bibliothèque]

diques un savoir littéraire plus profond que celui du commun, d'où le succès si vif et si durable qu'obtint le *Précis de Droit romain*.

Dans ce compte rendu, je n'ai pas à présenter aux lecteurs l'ouvrage de M. Accarias. Tous le connaissent. J'ai seulement à les entretenir de la quatrième édition du tome Ier.

Ni la méthode, ni le plan n'ont été modifiés.

La méthode est toujours cette méthode historique que l'auteur a décrite dans sa belle *Introduction générale*.

Quant au plan, dans ses grandes lignes, c'est celui des Institutes. Il a des inconvénients que M. Accarias connaît fort bien, mais il a l'avantage de répondre aux programmes de chaque examen[1]. A la rigueur, un changement important devenait possible, du moment que l'auteur rattachait au tome Ier les successions *ab intestat*. M. Accarias aurait pu, comme tant d'autres, placer les successions légitimes avant les successions testamentaires. Il ne l'a pas voulu. Pourquoi, en effet, abandonner une méthode « qui réfléchit très exactement les mœurs romaines[2] » ?

En revanche, les modifications introduites dans chaque matière sont nombreuses. M. Accarias parle, dans l'*Avertissement pour la quatrième édition*, du travail de révision scrupuleuse qu'il s'est imposé. Presque à toutes les pages, en effet, le lecteur trouvera les marques d'une critique singulièrement pénétrante et sévère. Ce sont de nouveaux détails sur la personnalité de l'esclave, le *postliminium*, le colonat, la filiation en dehors des justes noces, la tutelle de la mère, le *pignus*, l'hypothèque[3], la dot, la donation *propter nuptias*, le testament, les personnes incapables de tester et d'être instituées, la *cretio*, le bénéfice d'inventaire, la *querela*, la substitution pupillaire, les lois caducaires,

---

[1] *Précis*, I, p. VIII.

[2] *Précis*, I, p. 840, n. 2.

[3] Les n°s 284-289 ont été modifiés. Qu'on me permette une observation sur une note ancienne que je retrouve p. 729. M. Accarias écrit : « Il me parait probable que l'édit perpétuel d'Adrien contenait des dispositions sur l'hypothèque, puisque dans les titres du Digeste relatifs à cette matière il y a des fragments tirés des commentaires *ad Edictum*. » Sûrement la formule de l'action hypothécaire était proposée dans l'*Album*, mais la formule était-elle précédée, comme il est d'usage pour les actions prétoriennes, d'un édit? je ne le pense pas. — D'après Wlassak, *Edict und Klageform*, Iéna, 1885, p. 135, cette singularité s'expliquerait aisément : L'action remonterait à une époque où le préteur proposait des formules sans édits. Ce n'est là qu'une conjecture. La formule hypothécaire figurait dans l'*Album* à côté de l'interdit Salvien. Cf. Lenel, *Das Edictum perpetuum*, Leipzig, 1883, p. 395.

le legs d'option, etc., etc... Le *majus* et le *minus Latium* font l'objet d'un nouvel alinéa, l'étude du divorce est complétée, celle du concubinat refondue, etc. — Dans les notes, les indications nouvelles se multiplient[1-2]. Ici l'auteur insiste sur l'*auctoritas patrum*, le *jus Papirianum*, les *leges Regiæ*, le legs de liberté, là il s'explique sur la date de la loi *Junia Norbana*, *l'usucapio pro herede*, ailleurs il énumère les divers traités d'alliance, décrit certains rites du mariage[3], analyse la loi *Julia Miscella*, parle du testament *inter liberos*, des donations déguisées, etc.

Tout signaler est impossible, je n'insisterai que sur quelques points.

Le numéro 50 *bis* est nouveau, on y trouvera le commentaire du § 96, I, de Gaius. Le juriste nous apprend quelle est la distinction à faire entre le *majus* et le *minus Latium*. Il y a *majus Latium,* quand la cité est acquise par le décurionat, la gestion d'une magistrature ou d'un *honor; minus Latium,* quand la cité est acquise par la gestion d'une magistrature ou d'un

---

[1] Il est question, p. 78, n. 1, de Stephane l'auteur d'une paraphrase sur le Digeste. M. Accarias ajoute dans cette édition que ce Stephane fut l'un des rédacteurs du Digeste. Cette manière de voir n'est point nouvelle, Cf. Reitz, *Theophili paraphrasis græca*, 1751, p. 1240. Je préfère cependant admettre avec Mortreuil, *Hist. du droit byzantin*, I, p. 270, Heimbach, *Prolegom. Basilicorum*, VI, p. 14, etc., que le Stephane rédacteur du Digeste est distinct du Stephane auteur de la paraphrase.

[2] L'auteur, p. 17, n. 2 (note nouvelle), définit, le *jus civile* et le *jus prætorium* : on remarquera qu'il ne parle pas d'un *jus extraordinarium* que certains juristes étrangers ont placé à côté et distingué du *jus civile* et du droit honoraire. Il y a, en effet, des *cognitiones extraordinariæ* (système spécial de procédure) non un *jus extraordinarium* L. 178, § 2, D, 50, 16. C'est un point admis, sans conteste, en France. En Allemagne, la *trichotomie* a ses partisans, on connaît la campagne menée contre eux par Wlassak, *Kritische Studien zür Theorie der Rechtsquellen*, Gratz., 1884, p. 51-96.

[3] En conservant, p. 193, n. 2, l'ancienne note sur les *sponsalia*, l'auteur prouve qu'il refuse toujours d'adhérer à l'opinion qui rejette toute action *ex sponsu* du droit romain. M. Accarias a pour lui Varron, LL. 6, 70, 71, mais il me semble que le texte d'Aulu-Gelle, IV, 4, peut s'interpréter de plusieurs manières. J'entends ce fragment ainsi : Servius nous apprend que dans le *Latium* les fiançailles étaient sanctionnées par une action *ex sponsu*. Cette action disparut quand la loi Julia donna la cité à tout le *Latium* (sans doute parce que ces peuples devaient être *fundi*, Cicér. *pro Balbo*, 8, 21). — Même à l'époque classique la *stipulatio pœnæ* jointe aux fiançailles serait, je crois, sans effet, L. 134, D. 45, 1. Si des arrhes ont été données, celui qui se retire capricieusement les perd ou leur valeur. Au Bas-Empire on trouve une *pœna quadrupli*. Ces pénalités sont la transition aux fiançailles du droit canonique antérieur au concile de Trente, *sponsalia de præsenti* = mariage, *sponsalia de futuro*, C. 10, 17, X, 4, 1. En Orient, l'évolution est la même, son point de départ est le Concile *in Trullo* de 692, ch. 98. Les deux sortes de fiançailles se retrouvent à peu près dans le δεσμά et les κυρίως μνηστεῖαι d'Alexis I. Sous la domination turque, les Grecs ne connurent plus que les fiançailles valant mariage, les *sponsalia de præsenti* de l'Occident.

honor. Le décurionat, les magistratures, ce sont là des termes définis, *honor* est moins clair. Si l'on tient que les deux termes *honor, magistratus*, ont ici une valeur distincte, quelle est cette valeur? Mommsen a franchement avoué qu'il n'en savait rien [1]. Depuis, un auteur a proposé d'entendre par *honor* les magistratures inférieures, l'édilité, la questure [2] : son opinion est restée isolée. Selon Hirschfeld [3], l'*aliquis honor* serait la fonction du *præfectus* désigné par l'empereur duumvir. M. Accarias incline vers cette manière de penser. Peut-être pourrait-on croire à une de ces redondances si fréquentes dans le langage juridique. Gaius écrit d'abord : *honorem aut magistratum*, une ligne plus bas : *magistratum vel honorem*, renverserait-il l'ordre des termes s'il existait une hiérarchie? Au Digeste, Modestin, L. 11, 50, 12, désigne d'abord par *honor* ce qu'il va désigner bientôt par *honor aut magistratus*.

A s'en tenir au § 96, la différence entre le *majus* et le *minus Latium* consisterait en ceci : le décurionat et les magistratures donnent la cité dans les villes qui jouissent du *majus Latium*; dans les villes qui ont seulement le *minus Latium*, la cité n'est acquise que par la gestion des magistratures. La distinction se comprend. A l'époque de Gaius, on peut entrer dans la curie sans avoir été magistrat. Mais il faudrait voir comment le § 96 se relie aux paragraphes qui précèdent et qui suivent. Gaius traite de l'acquisition de la puissance paternelle. Dans le § 95 notamment, Gaius distingue entre les concessionnaires personnels du droit de cité et ceux qui, arrivant à la cité avec leurs enfants, acquièrent sur eux la *potestas patria*. Passons au § 96. La rupture d'idée est complète, inexplicable. Kuntze, qui n'aime pas Gaius [4], dirait sans doute qu'un pareil défaut de méthode n'est

[1] Einen Unterschied anzügeben weiss ich nicht., *Römisch. Staatsrecht* I², p. 8, Cf. Marquardt, *Röm. Staatsw.* I², p. 57, n. 8.

[2] E. Beaudouin, *Nouv. Rev. hist.*, III, 1879, p. 15 et p. 111.

[3] *Zur Geschichte des Lateinischen Rechts*, Vienne, 1879, étude traduite par Thédenat dans la *Revue générale de droit*, IV, 1880, p. 292.

[4] Cf. *Der provincial jurist Gaius*, Leizig, 1883. Kuntze reproche amèrement à Gaius d'être un provincial et d'ignorer beaucoup de choses. Wlassak, *kritische Studien*, p. 105, a déjà repoussé l'accusation de *provincialisme* quant à l'expression : *Senatus jubet atque constituit*, I, 4. Kuntze ne peut pardonner à Gaius d'avoir traité de ridicule la recherche *lance licioque*. Je sais bien que Bernhöft, *Staat und Recht*, Stuttgart 1882, p. 247, Grimm *Poesie im Recht, Z. f. G. R.*, II, p. 91, Leist, *Greco Italische Rechtsgeschichte*, Iéna, 1884, p. 246, ont fait, au sujet de cette recherche, de curieux rapprochements. La législation comparée est une belle chose, mais qu'un enquê-

pas pour surprendre. Malgré moi, le défaut me choque. Que les Institutes de Gaius soient un livre ou de simples notes de cours, l'incohérence des idées n'est pas moindre. Gaius a peut-être attaché au § 96 le sens indiqué plus haut; mais s'il l'a fait, je laisse à penser quel fut l'ahurissement des élèves en entendant le maître parler brusquement de tout autre chose que de son sujet. Autrefois on avait imaginé de soutenir que le *majus Latium* faisait acquérir la cité au Latin et à sa famille, le *minus Latium* au Latin seul. M. Accarias mentionne cette opinion, et bien qu'elle se heurte à de sérieuses objections, j'incline à penser avec Huschke et Polenaar, qu'elle contient une bonne part de vérité [1].

Je lis, page 150, une importante note sur la date des lois *Junia Norbana* et *Ælia Sentia*. Il y a deux questions : (*a*) La loi *Junia* est-elle antérieure à la loi *Ælia?* (*b*) si elle est antérieure, quelle est sa date?

(*a*) M. Accarias tient que la loi *Junia* est la première en date. D'une part les Latins Juniens, — le nom l'indique assez, Dosithée (Cerv. Scævola? Pomponius?) et le pseudo-Théophile [2] l'affirment, — ont été créés par la loi *Junia;* d'autre part la loi *Ælia* place certains affranchis dans la classe des Latins Juniens. Voilà qui paraît décisif; pourtant on discute toujours [3] et, si j'en juge par la récente et vive polémique de Schneider et d'Hoelder, l'accord ne se fera pas de longtemps [4]. — Peut-être, en l'état des textes, le problème est-il insoluble. Si la *causæ probatio* remonte à la loi *Ælia* [5], cette loi est postérieure à la loi *Junia :* la *causæ probatio*, en effet, suppose un mariage du Latin Junien, et d'admettre que ce mariage soit le simple *coutubernium* d'un esclave

teur se présente à Leipzig dans l'appareil décrit au § 193, III, et Kuntze lui-même sera de l'avis de Gaius.

[1] Cf. Dubois, *Institutes de Gaius*, Paris, 1881, p. 59 et suiv., et les auteurs cités.

[2] J'écris pseudo-Théophile pour indiquer que l'auteur de la *paraphrase* ne se confond pas, dans mon opinion, avec le Théophile, professeur à Constantinople, haut-commissaire de Justinien pour la rédaction des Institutes et du Digeste, auteur d'un Index sur les trois premières parties du Digeste. Cette opinion que le nouvel éditeur de la paraphrase, C. Ferrini, a rendue vraisemblable, M. Accarias ne l'adopte pas, Cf. *Précis*, I, p. 80, n. 2.

[3] Cf. Vangerow, *über die Latini Juniani*, 1833, et Cantarelli dans l'*Archivio giuridico*, XXIX, p. 30 et XXX, p. 413.

[4] *Zeitschrift der Savigny-Stiftung*, V, 1, p. 225-256; VI, 1, p. 186-225, VII, p. 31-45.

[5] Cf. *Précis*, p. 154, n. 4.

in libertate, il n'y a pas apparence. On a beau dire, d'ailleurs, que la loi *Ælia* confiait ses protégés au préteur pour que ce magistrat les maintînt en liberté, il est bizarre qu'une loi invite un magistrat à maintenir en liberté ceux qui sont légalement esclaves. On a aussi invoqué le fragment de Berlin *De dediticiis* : *Cum lege de bonis rebusque eorum hominum ita jus dicere judicium reddere prætor jubeatur, ut ea fiant, quæ futura forent, si dediticiorum numero facti non esset, videamus.....* [1]. Mais, à parler net, ce fragment ne prouve rien. En admettant même, avec Huschke, que la *lex* visée est la loi *Ælia*, c'est forcer les termes que de traduire : comme si les *homines* étaient Romains ou Latins. Tout au plus le texte suggère-t-il l'idée que la liste des individus *numero dediticiorum* ne comprenait pas que des affranchis, il est sans intérêt dans notre débat.

Le texte vraiment embarrassant est le texte d'Ulpien I, 12. « Il y a, dans les *Regulæ.....* écrit M. Accarias [2], une phrase (*ideo sine*, etc.) d'où il semble résulter que, d'après la loi *Ælia Sentia*, l'esclave mineur de trente ans qui était affranchi *vindicta sine consilio* non seulement ne devenait pas citoyen, mais restait esclave et appartenait à Cæsar. Si cette phrase était authentique, elle fournirait un argument à ceux qui croient la loi *Junia* postérieure à la loi *Ælia Sentia*. Mais elle est évidemment altérée ou interpolée. En effet, la suite du texte établit que l'esclave affranchi par testament avant l'âge de trente ans devenait Latin aux termes de la loi *Ælia Sentia*, et il n'y avait évidemment pas de motif pour distinguer ici entre les effets de la vindicte et ceux du testament. » Je veux admettre, malgré les réclamations de Schneider, que le mot *Cæsaris*, que la phrase même : *ideo sine... putat*, est interpolée [3] ; mais l'autre partie du texte, dont l'authenticité n'est pas douteuse, fournit un argument sérieux contre l'opinion de M. Accarias. La loi *Ælia* décidait que le mineur de trente ans affranchi *vindicta sine consilio* ne devenait pas citoyen, tandis que le mineur de trente ans affranchi *testamento* devait,

[1] Cf. Krüger dans la *Savigny-Stiftung*, I, p. 93 s.; II, p. 83 s.
[2] *Précis*, p. 152, n. 1.
[3] Puggé et Pellat ont défendu la leçon *Cæsaris*, Schilling voudrait lire : *Censuve*, Bethmann-Hollweg et Cantarelli : *Cæ(lius) Sabi(nu)s*, Huschke : *ejus ætatis*, que Giraud donne à tort comme certain. — Cujas et Schulting, Cannegieter, etc., lisent tout uniment : *Ideo sine consilio manumissimum servum manere putat.*

dit Ulpien, être traité, comme si, par la volonté du maître, il eût été placé *in libertate*, en d'autres termes, comme s'il eût été affranchi par un mode non solennel. Cette façon de parler semble prouver que la loi *Ælia* date d'une époque où la Latinité Junienne n'existait pas, sans quoi le législateur eût remplacé la périphrase par le mot *Latinus*, et Ulpien n'eût pas eu besoin d'ajouter la glose : *et ideo Latinus fit*. On objecte que la distinction entre les effets du testament et ceux de la vindicte est inintelligible. Ne peut-on pas répondre avec Hoelder : Le *manumissus testamento* est placé *in libertate* par la volonté du maître défunt, non de l'héritier; or la protection prétorienne couvrait seulement ceux qui devaient leur mise *in libertate* au maître même qui en avait eu l'idée. La loi veut que désormais le préteur étende la protection à ceux qui sont mis *in libertate* en exécution de l'ordre d'un maître décédé. Dans le cas d'une *manumissio vindicta*, la loi se bornait à dire : *civis non fit* [1]; on savait à l'avance que l'état de fait serait maintenu par le préteur; dans le second cas, la loi ordonnait au préteur de protéger le *manumissus testamento* comme il eût protégé le *manumissus vindicta* : *perinde haberi jubet atque, si, domini voluntate, in libertate esset.*

(*b*) Admettons cependant que la loi *Ælia* est postérieure à la loi *Junia*, il faut savoir quelle est la date de la loi *Junia*. M. Accarias adopte l'hypothèse ingénieuse de M. Romanet du Caillaud, il décompose la loi *Junia Norbana* en une loi *Junia* de 728 (729) et une loi *Norbana* de 729 (730). Du moment qu'on place la loi *Junia* avant la loi *Sentia*, la date indiquée convient mieux que tout autre. Mais, faut-il l'avouer, je suis porté à croire qu'il n'y a jamais eu de loi *Norbana*. Les auteurs classiques l'ignorent [2]. A la vérité, Justinien, en ses Institutes, parle d'une loi *Junia Norbana*, mais dans les mêmes Institutes, III, 7, 4, il revient au langage des anciens. Dans la constitution *de Latina libertate tollenda* (VII, 6) l'empereur ramasse tous les textes

---

[1] D'après Puchta, *op. cit.* § 213, XX, *civis non fit* == *peregrinus fit*. Cette interprétation écarte le redoutable argument tiré de la *causæ probatio*, mais elle ne repose sur rien.

[2] « Il n'y a, remarque M. Accarias, que Justinien et Théophile qui disent *lex Junia Norbana* » et encore dans la paraphrase est-il question d'une loi appelée *Urbana* et non pas *Norbana*. Cf. *Instit. græca paraphr. Theophilo vulgo tributa*, ed. Ferrini, Berlin, 1884, 1, V, § 3 et les notes de Meermann, Fabrot, etc., dans l'édition de Reitz.

relatifs aux Latins Juniens : l'occasion était bonne pour signaler la loi *Norbana,* l'empereur mentionne seulement la loi *Junia.* Schneider croit à une bévue des trois commissaires [1]. Pourquoi non ? Les compilateurs byzantins en rapprochant notre loi des lois *Ælia Sentia* et *Fufia Caninia* trouvèrent son nom trop bref. L'amour de la symétrie, dont ils ont donné ailleurs, III, 21 un mémorable exemple, leur fit chercher un deuxième nom. Ouvrant les fastes, ils trouvèrent en l'an 19 un Norbanus qui fit aussitôt l'affaire. Voilà comment notre loi fut affublée d'un nom qui n'était pas le sien. Dans l'opinion de MM. Accarias et du Caillaud, les compilateurs réunirent deux lois distinctes, mais cela admis, on devrait dire loi *Junia* et *Norbana* comme on dit loi *Julia* et *Papia,* loi *Julia* et *Titia,* loi *Julia* et *Plautia.*

Le lecteur trouvera de grands changements dans les nᵒˢ 100 et 101 relatifs au concubinat. La doctrine de l'auteur est restée la même, mais il l'a plus solidement établie. Voici pourquoi :

Dans une dissertation parue en 1880 [2] M. P. Gide, reprenant l'idée de quelques anciens interprètes [3], soutint que le concubinat n'était pas une institution légale, mais un simple état de fait à l'abri des peines du *stuprum,* « un désordre licite ». M. P. Gide abandonnait toutefois, ou peu s'en faut, sa manière de voir dans le cas le plus habituel de concubinat, celui du patron avec sa *liberta.* En sorte que le même mot *concubinatus* devait tantôt se traduire par concubinage et tantôt par concubinat. Prenant parti dans le débat, M. Accarias défend l'opinion commune. Il serait trop long de reproduire ici son argumentation. Elle persuadera, je crois, tout lecteur non prévenu. A côté des textes cités par l'auteur, on peut signaler encore des canons conciliaires du Bas-Empire, recueillis par Gratien, qui permettent de prendre *aut*

---

[1] Dorothée est le plus coupable ; s'il est vrai que la rédaction des livres I, II, lui appartienne. Cf. Huschke, *præf. ad Inst.* Lips., 1868, et surtout E. Grupe, *De Justin. Inst., compositione,* Argent., 1884.

[2] P. Gide, *De la condition de l'enfant naturel et de la concubine.* La dissertation a été réimprimée, par les soins de M. Esmein, à la suite de la seconde édition de *la Condition privée de la femme,* Paris, 1885. M. Esmein approuve la doctrine de M. P. Gide, sans restrictions dans ses *Mélanges,* p. 93 et s., avec restrictions, dans sa *Notice sur la vie et les écrits de M. Giraud,* Paris, 1883.

[3] L'idée n'était point nouvelle. M. Gide l'a reconnu tout d'abord, mais on avait négligé d'en tirer les conséquences, et surtout personne ne l'avait encore présentée avec un savoir aussi ingénieux, un art aussi délicat. — Cf. Ramos del Manzano, *Schediasma de concubinis,* dans le Trésor de Meermann, V.

uxorem aut certe, loco uxoris, si conjux deest, concubinam. Héritière et interprète des idées romaines, l'Eglise considéra longtemps le concubinat comme une union licite et voisine du mariage proprement dit [1]. Les mariages connus dans le droit commun allemand sous le nom de *disparagium* et de mariage *ad legem morganaticam* ont rappelé depuis dans une certaine mesure le concubinat romain [2-3].

Quoi qu'il en soit, il ne faut pas exagérer l'importance du débat. « Longtemps, écrit M. Accarias, le concubinat n'eut guère d'autre conséquence légale que de donner un père certain aux enfants qui en étaient issus. » Il est vrai que les partisans de M. Gide ne veulent même pas admettre cela. Récemment M. Mispoulet [4] tentait de prouver que l'enfant né *ex concubinatu* ne prenait jamais ni le nom ni la condition du père. La preuve n'est point faite, car, sur les quatre inscriptions citées par M. Mispoulet, une, au moins, est bien décidément contre lui. Supposé même que M. Mispoulet eût raison, on ne devrait pas en conclure que l'enfant est sans père certain. Dans le mariage *ex jure gentium*, dans les unions du droit allemand citées plus haut, l'enfant suivait la condition de la mère quoiqu'il eût un père certain. Jusqu'à meilleure preuve je m'en tiendrai donc à l'opinion de M. Accarias.

La recension de Studemund a ramené l'attention sur les §§ 58, II, 201, III, des Institutes de Gaius. De ces paragraphes il suit que l'*usucapio pro herede* est écartée quand le *de cujus* laisse un héritier sien ou nécessaire [5]. Mais pour quel motif? La question est facile à poser, moins facile à résoudre. Récemment, on a cru

[1] CC. 4 et 5, D. XXXIV. — Concil. Trid. Sess. XXIV, ch. 8, *De ref. mat.* — Les canonistes postérieurs au Concile de Trente et les *Correctores Romani* me paraissent avoir détourné les canons précités du sens que leur donnait Gratien.

[2] Précisément Kuntze, *Cursus*, § 795, écrit que le concubinat a joué à Rome le rôle de *Missheirath*. Cf. Walter, *Syst. des gem. deut. Privatrechts* §§ 461 et 462.

[3] On pourrait aussi faire d'utiles rapprochements avec la pallaque grecque, il faut là-dessus consulter l'article du savant doyen de la Faculté de Lyon, M. Caillemer, dans le *Dictionnaire de Daremberg et Saglio*, vᵒ *concubinatus*.

[4] *Revue hist.*, 1885, p. 34 et s.

[5] Dans le *Cod. Ver.*, on lit : *et necessario*. Huschke pense que le copiste a laissé de côté *suo* et qu'il faut lire *suo et necessario. Quod*, dit-il, *juris ratio admittit, imo potius flagitat.* — L'opinion d'Huschke est celle de M. Accarias et de la plupart des auteurs ou éditeurs, je cite, un peu au hasard, Dubois, Cogliolo, Voigt, *XII Tafeln*, § 106, Goudsmit, *Studemunds Vergleichung*, Utrecht, 1875, p. 29, Kuntze, *Exc.* p. 617, Pernice *Labeo*, II, 319, etc. *Contra*; Cuq, *Nouv. Rev. Hist.*, X, p. 536.

tout expliquer en installant inopinément la saisine dans le système des hérédités romaines [1]. Il faut s'entendre : personne ne s'avise de soutenir que l'héritier *extraneus* ait besoin, comme l'héritier grec (la succession étant ἐπίδικος [2]) ou comme nos légataires universels, d'un envoi en possession ; mais on prétend que l'héritier sien ou nécessaire, à la différence de l'heritier externe, continue de plein droit la possession du défunt. C'est bien là une des idées qu'on rattache ordinairement à la saisine. Ce n'est point une idée romaine. « L'héritier nécessaire, écrit M. Accarias, — et l'objection est très forte, — l'héritier nécessaire ne peut acquérir de plein droit et du moment du décès que ce que l'héritier externe acquiert plus tard par l'adition ; c'est-à-dire ce qui est dans l'hérédité. Or la possession n'y est pas. » On comprend aisément que l'usucapion *pro herede* soit impossible au détriment d'un héritier sien ou nécessaire. Ce qu'on usucape d'abord, c'est l'hérédité jacente, or, ici, pas d'hérédité jacente. Pour l'héritier sien d'ailleurs, il n'y a pas, à proprement parler, d'hérédité, mais une *continuatio dominii*. L'*usucapio hereditatis* ne se conçoit que si l'*heres* est *extraneus*. Reste à savoir pourquoi elle est encore possible, même après l'adition, et tant que l'héritier n'a pas pris possession. « Peut-être, écrit M. Accarias [3], fut-on frappé de la différence qu'il y avait entre les deux situations suivantes : un tiers avait pris possession d'une chose héréditaire alors que l'hérédité était encore jacente, il continuait d'usucaper nonobstant l'adition ; un autre ne prenait possession qu'après l'adition faite, l'usucapion lui était interdite. Cette différence, facile à justifier autrefois, n'avait plus de raison d'être depuis que l'*usucapio pro herede* s'appliquait également aux biens de l'hérédité et non à l'hérédité elle-même : on la fit disparaître. » La conjecture séduit par son ingénieuse simplicité. Devront la modifier un peu ceux qui pensent que dans le droit primitif toute usucapion pouvait s'accomplir sans juste titre ni bonne foi [4]. L'enchaînement des idées serait

---

[1] Dubois, *La saisine héréditaire en droit romain*, Paris, 1880. — Cf. dans la *Revue critique*, XIX, p. 444, Planiol, *Origine romaine de la saisine héréditaire*.

[2] Caillemer, *Le droit de succession légitime à Athènes*, Paris, 1879, p. 154.

[3] *Précis*, I, p. 613, n. 3.

[4] Sauf, bien entendu, quand elle avait pour objet les *res furtivæ*, Cf. Stintzing, *Das Wesen von bona fides und titulus*, 1852, § 4-10. Cette opinion compte de nombreux adhérents. Cf. Voigt, *die XII Tafeln*, 1883, § 91, et les

alors celui-ci : l'usucapion des choses incorporelles étant permise, il n'y avait guère à distinguer entre l'usucapion commencée avant ou après l'adition tant que l'héritier n'avait pas pris possession. Dans les deux hypothèses, même but, même possession et, par suite, même dénomination. Plus tard, au VIe siècle, quand le juste titre et la bonne foi apparurent, on admit, — et pour les motifs indiqués par Gaius, — que l'usucapion *pro herede* resterait ce qu'elle était auparavant [1]. L'usucapion commencée après l'adition, grâce à la similitude de nom, bénéficia de l'exception [2].

Dans la matière de la *querela inofficiosi testamenti* [3] les textes difficiles ne manquent pas. M. Accarias a complété l'explication de la célèbre loi Mater, l. 19, V, 2 (rescision partielle du testament), des lois 25 pr. D. V, 2; 30, 35, 36, C. III, 28 (*actio suppletoria, exheredatio bona mente,*) et de la loi 9, § 2, D. 28, 2, (*transitus querelæ ad heredes*).

Les remaniements ont trait surtout à la législation des Novelles. Par la Novelle 18, ch. I, Justinien change la quotité de la légitime. On connaît les vers du juriste, poète malgré Minerve, qui a résumé la Novelle 18 :

> Quattuor aut infra natis dant jura trientem,
> Sed dant semissem liberis si quinque vel ultra
> Etc.

Dans la Nov. 115, l'empereur énumère les causes d'exhéréda-

dissertations élégantes et doctes de MM. A. Pernice, *Labeo*, II, § 188-230 et Esmein, *Mélanges*, p. 198 et s., sur l'*injusta possessio.*

[1] Les *ususreceptiones* sont aussi un reflet de l'ancien état de choses. Il faut mettre à part l'*usucapio ex rutiliana constitutione*, Cf. *Précis*, I, p. 128, n. 2.

[2] Il me semble que, même en adhérant aux idées de Kuntze sur l'hérédité, on peut encore raisonner comme j'ai fait. Ce savant romaniste enseigne, I, §§ 135, 141, II, p. 141, 159, etc., que la notion abstraite d'hérédité, entité juridique comprenant des choses corporelles, des créances et des dettes, dérive de la *disciplina pontificia*, qu'elle naquit dans le laboratoire juridique des pontifes (*Civilistisches Laboratorium*) (un peu, j'imagine, comme Homonculus dans le laboratoire du docteur Faust). La loi des XII tables avait dit : *uti legasset super pecunia. Legare* n'est pas *testari, pecunia* n'est point *familia*. Peu à peu le concept de l'hérédité se dégagera,
> Denn das Geheimniss liegt am Tage.

Dans la formule de la mancipation testamentaire *testor* figurera à côté de *lego, familia* a côté de *pecunia*. L'idée moderne d'obligation, celle de succession aux dettes quand l'héritier est *extraneus* naît et se développe une fois le *nexum* transformé par la loi *Pœtelia* (326 a. Chr.). — Les idées de Kuntze ont trouvé dans M. Cuq un nouveau défenseur, *op. cit.* Ce n'est point ici le lieu de les discuter, j'observe seulement qu'on peut les adopter sans être forcé de rejeter l'explication proposée au texte. C'est une question de date.

[3] *Précis*, I, nos 355-360.

tion, ordonne que le légitimaire reçoive — au moins pour une partie — sa légitime à titre d'héritier. On ferait un gros volume avec les discussions qu'a soulevées l'interprétation de la Novelle [1]. Justinien, a-t-on dit, permet d'attaquer un testament non conforme aux dispositions précitées par une *querela nullitatis ex jure novo*. Le mot importe peu. Le point est de savoir quel sera l'effet de cette *querela*. Si on la rattache à l'ancienne *querela*, c'est le système dit de l'inofficiosité, sinon, c'est le système de la nullité, bien entendu, de la nullité limitée aux institutions [2]. M. Accarias, à bon droit, choisit le système de la nullité. — Plus difficile encore est la question de savoir quel est le rapport des enfants légitimaires avec les anciens *sui et emancipati*. Assez communément l'on enseigne que la vieille théorie de l'institution ou exhérédation des *sui* disparaît, et, avec elle, cette *bonorum possessio* si complexe et si délicatement ouvrée que le préteur donnait contre les tablettes du testament [3]. M. Accarias, n° 470-5°, pense que la *bonorum possessio contra tabulas* survécut à la Nov. 118 et par conséquent à la Nov. 115. J'adhère, après quelques hésitations, à la doctrine de mon maître.

J'ai déjà dit que la théorie des lois caducaires avait été sensiblement remaniée. Parmi les indications nouvelles, le lecteur ne manquera pas de remarquer ce que l'auteur écrit sur l'*orbitas* et le célibat à l'égard des femmes. La femme dépourvue du *jus liberorum* et mère cependant, est-elle traitée « mariée, comme *orba*, non mariée, comme *cœlebs* [4] » ? Il n'est point aisé de savoir ce qu'ont décidé les Romains. Le plus souvent on enseigne que la femme dépourvue du *jus liberorum* n'a pas la *solidi capacitas* [5]. M. Accarias, au contraire, incline à penser « que les conditions de l'*orbitas* et du célibat étaient identiques pour les deux sexes ». En raison, la solution est satisfaisante et M. Accarias lui trouve

---

[1] Cf. Glück-Leist. *Pandekten*, série des livres 37, 38, III, p. 185.

[2] Vangerow, § 485.

[3] Cf. Puchta, *Institutionen*, § 320, Kuntze, *Cursus*, § 984. — La *bonorum possessio secundum tabulas* survit sûrement, *Précis*, 470-4°, mais la *missio Hadriana* et, depuis 531, le *remedium ex lege ultima*, C. VI, 30, *de edicto div Hadriani tollendo*, lui ont enlevé toute importance pratique. En réalité l'œuvre du préteur est faite. La *bonorum possessio* se meurt; à la ressusciter les glossateurs perdront leur peine. Les institutions juridiques ont aussi leur destin, *habent sua fata*.

[4] *Précis*, I, n° 373.

[5] Machelard, *sur l'accroissement entre*, etc., *Rev. hist.*, IV, p. 122 et *passim* Savigny, *System.* II, § 61, Puchta, *op. cit.*, II, p. 452.

un solide appui dans la législation des *decimæ*. Peut-être pourrait-on ajouter ceci : la femme mineure de vingt ans échappait, d'après Ulpien, aux peines de l'*orbitas*. Mais cet âge n'était pas celui que la loi Papia avait d'abord fixé. Il est, en effet, impossible de donner un sens au ch. IV de l'*Apologétique* de Tertullien, si l'on n'admet pas que l'ancienne limite d'âge a été reculée par Septime Sévère jusqu'à vingt ans. Heineccius a fixé cette ancienne limite à seize ans, et sa conjecture n'est pas sans fondement[1], j'accorde dix-sept ans, si l'on veut. D'autre part, Friedlander a fort bien établi que les femmes romaines, au siècle d'Auguste et dans les siècles suivants, ne se mariaient guère avant quatorze ou quinze ans[2]. La fille d'Auguste, Julie a quatorze ans quand elle épouse Marcellus, c'est aussi l'âge de cette fille de M. Fundanus, si grave et si jolie, dont Pline déplore la mort avant le jour des noces, *Epist.* V, 16. Le plus souvent l'épousée avait quinze ans, il suffit de jeter les yeux sur le tableau dressé par Friedlander pour s'en assurer. Tout cela admis qu'on suppose une *libertina* mariée à quinze ans. Pour échapper aux peines de l'*orbitas*, il faut qu'à dix-sept ans elle soit déjà mère de quatre enfants, — si toutefois nos adversaires sont dans le vrai, —

Le vrai peut quelquefois n'être pas vraisemblable.

M. Accarias n'a pas caché que son opinion se heurte à un fragment de Dion Cassius, LV, 2. L'historien grec écrit à peu près ceci : « Quand les dieux ont refusé trois enfants à un citoyen, homme ou femme, εἶτ' οὖν ἀνδρῶν εἴτε γυναικῶν,... l'empereur concède le droit de trois enfants, τὰ τῶν τρὶς γεγεννηκότων δικαιώματα. De la sorte, le concessionnaire échappe aux peines de l'*orbitas* et peut généralement recueillir les prix accordés à ceux qui ont plusieurs enfants. Et non seulement les hommes, mais encore les Dieux (οὐκ ἄνθρωποι μόνον, ἀλλὰ καὶ θεοί) profitent du *jus trium liberorum* pour recueillir les dons que leur font les mourants. M. Accarias observe que Dion se trompe en ce qui concerne les hommes : un enfant suffit aux hommes pour cesser d'être *orbi* et seuls ils ont le *jus patrum*. Il me pa-

---

[1] *Ad legem Juliam et Papiam Poppæam commentarius*, Amsterdam, 1726, p. 279.

[2] *Darstellungen aus der Sittengeschischte Roms*, I, 4e édit., p. 549.

raît évident que Dion se trompe encore en ce qui concerne les
Dieux : probablement il confond la *testamenti factio* et l'exemp-
tion des lois caducaires. Je demande quel crédit mérite le reste
du texte. M. Accarias pense que Dion a confondu les *præmia*
patrum avec la *solidi capacitas;* il aurait simplement voulu dire
que « cette pleine capacité résulte du *jus liberorum* accordé par
l'empereur comme elle résulterait de la procréation réelle d'un
seul enfant. » Cette conjecture est encore la plus simple de
celles qui ont été proposées pour expliquer le texte grec [1]. Au
surplus, je me résignerais, sans trop d'efforts, à ignorer ce que
Dion a voulu dire, *non me pudet,* disait jadis Baudoin discou-
rant *de lege Papia* [2], *non me pudet fateri ignorantiam in hoc*
genère meam.

Les lois caducaires font songer à la loi *Julia Miscella.* D'or-
dinaire on tient que la loi Miscella n'est pas autre chose qu'un
chapitre de la loi Julia *de maritandis ordinibus.* M. Accarias
s'est borné à analyser très nettement les dispositions de la loi [3],
sans examiner si elle se confondait avec la loi Julia. Il est permis
de penser que l'auteur entend s'écarter de l'opinion commune.

Ces remarques suffisent à montrer quel souci de l'exactitude
M. Accarias apporte dans son ouvrage. Qu'on suive ou qu'on
repousse sa manière de voir, il sait des arguments qui tantôt en-
traînent et tantôt font hésiter l'adversaire de bonne foi. Dans ce
vaste ensemble du droit romain, il est peu de questions délicates
qu'il n'ait discutées, tout au moins résolues. Les textes sont bien
choisis, cités à point, au besoin analysés. L'auteur excelle à dé-
brouiller les passages obscurs, à condenser dans une formnle
courte et claire la doctrine éparse des jurisconsultes. Le *Précis,*
dès l'origine, a été un livre d'enseignement. Les étudiants y
apprendront toujours avec fruit. Quant aux maîtres, ils savent ce
que vaut le livre et ce qu'ils lui doivent. Il est assez d'usage aujourd'hui de dépouiller quelques auteurs étrangers, et doctement
de jaser au plus dru. Certes, il est facile de dresser une liste
bibliographique, moins facile de bien connaître les sources. A

---

[1] Hartmann, dans la Z. f. R. G., V., p. 235, en propose plusieurs.
[2] F. Balduinus, *De lege Papia,* dans la *Jurisprudentia Romana et Attica*
d'Hcineccius, I, Leyde, 1738, p. 195.
[3] *Précis,* I, p. 1046, n° 3. — Cf. Schneider, *die drei Scævola,* Munich, 1879,
p. 82.

notre époque de production encombrante, il arrive ce qu'on avait déjà vu au XIVe siècle : le texte disparaît sous la glose. Sans méconnaître ni le travail des autres ni le profit qu'il en a pu tirer, M. Accarias a pris pour loi d'aller droit aux sources, pensant que l'école des jurisconsultes romains est encore la plus sûre pour apprendre le droit romain : il recueille leurs solutions, il pèse leurs arguments et, fixant les conclusions, sur le tout met sa marque, la marque d'un esprit original et robuste[1].

Quand M. Accarias publiera la cinquième édition du *Précis*, peut-être jugera-t-il à propos de ramasser en quelques pages toutes les indications qu'il a données ici ou là sur les jurisconsultes et de compléter les renseignements biographiques. Les renseignements de cette sorte ne sont pas du droit, mais ils intéressent et parfois fixent une date. Derrière cet enchevêtrement de décisions et de principes qui, à treize siècles de distance, sont pour nous le droit romain, se meuvent de curieuses et vivantes figures. Sous la République, les deux Caton [2], les Scævola [3], Manilius, auteur d'un formulaire célèbre [4], P. Rutilius Rufus philosophe, historien, juriste [5] dont les démêlés avec Scaurus ont égayé les anciens [6], Aquilius Gallus l'inventeur de formules [7], Servius Sulpicius « l'un des principaux jurisconsultes de son temps [8] », Alfenus Varus d'abord cordonnier, d'autres disent barbier, compilateur de Servius, à son tour compilé [9], Trebatius Testa [10], Tubero [11], A. Cascellius [12]. Sous l'Empire, « Labeo nourri des doctrines stoïciennes et fidèle aux principes républicains pour lesquels son père était mort à Philippes... » Labeo qui « familier avec toutes les connaissances de son temps sortit souvent des voies

---

[1] J'ajoute pour « les gens d'entendement, dont parle Montaigne, qui hochent du nez toute incrustation empruntée », que cette marque est très reconnaissable quand on la rencontre dans tel ou tel ouvrage que M. Accarias n'a pas signé.

[2] *Précis*, I, p. 788, n. 393.

[3] I, 96 *a*, 120-3°; p. 863, n. 2; p. 322, n. 2.

[4] Un des interlocuteurs de la Rep. de Cicéron, Cf. *Précis*, II, p. 468, n. 1.

[5] *Précis*, I, p. 1315, n. 1, II, n. 793.

[6] L'historiette est contée par Roby, *An introduction to the study of Justinians Digest*, Cambridge, 1884, CI-CIV, et depuis longtemps discutée, Cf. Huschke, dans la *Revue de Linde*, 2e F. XIX, p. 1 et s.

[7] *Précis*, I, n° 339, II, n°s 707, 837.

[8] I, p. 5 n. 2, p. 322 n. 2; II, p. 896, n. 1.

[9] II, n° 765.

[10] *Précis*, I, p. 1132; II, p. 651, n. 1. — Cf. Pernice, *Labeo*, I, 19.

[11] II, p. 254 n. 1.

[12] II, n° 967.

battues et ne craignit pas d'innover [1] », Capiton « qui déshonora
sa vieillesse par un de ces raffinements de flatterie qui charmaient
Tibère en provoquant son mépris [2] », Nerva que « l'intimité pé-
rilleuse de Tibère conduisit au suicide [3] », Pegasus *liber non
homo,* « qui ne courait pas au devant des lâchetés, mais ne savait
pas refuser celles que le maître lui demandait [4]», Julien *prœtoriani
edicti ordinator* [5], « le plus éminent représentant de la science juridique » au milieu du IIe siècle[6].» Je ne trouve presque rien sur
Javolenus [7]. Une courte note, p. 58, m'apprend qu'Ariston vivait
sous Trajan, que J. Celsus et Neratius figuraient dans le conseil
d'Hadrien. Peut-être l'auteur des « *contrats innommés* » nous de-
vait-il plus de détails sur Ariston[8] et sur ce *Celsus filius* dont le
manque de civilité a tant émerveillé nos anciens interprètes [9].....

Un mot encore. Il est des corrections dont je n'ai rien pu dire :
celles qui portent sur le langage et le style. Au lieu d'exposer
ses idées dans le parler limousin si cher à tant de nos juristes,
M. Accarias emploie une langue forte, nerveuse, rapide, d'une
pureté qui charme. Si par l'étendue des informations et la
sûreté des doctrines le *Précis* égale les meilleurs manuels étrangers, il leur est très supérieur par le mérite littéraire : dans
l'édition nouvelle, c'est un mot changé, un autre déplacé,
l'expression s'avive, la phrase est plus alerte. M. Accarias a
loué dans son *Introduction générale* la langue des jurisconsultes
romains : comme eux il a « l'élégance sobre qui consiste surtout
dans la propriété de l'expression et la justesse du tour. »

[1] I, n° 24, Pernice, *Labeo,* I, p. 14-16.

[2] Ibid.

[3] *Précis,* I, 24, 407.

[4] Ibid.

[5] S'il faut en croire l'*Epitome legum,* il fut aidé dans son travail sur
l'Edit par un certain Servius Cornelius que personne ne connait.

[6] I, n° 20.

[7] *Précis,* I, p. 204, n. 3. — Javolenus, le maître de Julien, fut un jurisconsulte de premier ordre, il méritait plus qu'une petite mention. (Pr.,
p. 1000, n. 1). Il est vrai que Pline l'a pris pour un fou (*Epist.,* VI, 15),
et M. Nisard (*Études sur les poètes latins,* 3e édit., Paris, p. 366) pour un
sot : Javolenus dormait quand on lisait des vers élégiaques. — Ce n'est point
là le fait d'un sot. — Sur le nom et la carrière de Javolenus, Cf. C. I.
L. III, 2864 et p. 1062; *Eph. epi.* V. p. 654.

[8] *Précis,* II, n° 650, Cf. Mommsen Z. f. R. G., VII, p. 474.

[9] L. 27, D. 28, 1. La solution de la question *Domitiana* me semble
implicitement donnée par M. Accarias dans une note nouvelle de cette
édition, p. 852, n. 2. — Le scribe a été informé, avant de procéder à la
rédaction du testament, de son rôle de scribe et non de son rôle de témoin.
Cf. Hoffmann, *Kritische Studien,* Vienne 1885, 2er *Aufsatz.*

Paris. — imp. F. PICHON, 30, rue de l'Arbalète, et 24, rue Soufflot.

www.ingramcontent.com/pod-product-compliance
Ingram Content Group UK Ltd.
Pitfield, Milton Keynes, MK11 3LW, UK
UKHW020124100726
13658UKWH00005B/2344